KB190070

생각의 빛

삶의 차이는 단지 생각의 차이일 뿐.
사람의 차이는 없습니다.

장길섭 지음

생각의 빛

아침에 눈을 뜨면서 나는 이렇게 고백합니다.

'오늘을 주셔서 참 고맙습니다.'

잠에서 깸으로.

깨어나는 의식을 알아차립니다.

들숨과 날숨을 알아차립니다.

걸음을 알아차립니다.

들리는 소리를 알아차립니다.

보이는 것들을 처음 보듯이 알아차립니다.

떠오르는 생각들을 알아차립니다.

어느 날은 허리를 곧추 세우고 앉습니다.

어느 날은 밖으로 산책을 나갑니다.

어느 날은 오디오를 켭니다.

떠오르는 생각들을 생각합니다.

생각을 생각하기.

생각 바깥으로 나와 그 생각을 관광觀光합니다.

삶은 관광입니다.
생각이 가져다주는 빛이 있습니다.
나는 그 빛을 하나하나 모아서
매일 아침마다 글로 담아
사랑하는 친구들에게 보내고 있습니다.
이름하여 '라크마'입니다.
일용할 영의 양식입니다.
그 중에 다시 보고 싶고 느끼고 싶은
생각들을 모아 보았습니다.

사람은 생각이 어떠하냐에 따라
그 사람됨이요 삶입니다.
맑고 밝은 생각은
맑고 밝은 생각을 불러들입니다.
어둡고 추한 생각은
어둡고 추한 생각을 불러들입니다.
생각은 생각을 먹고 삽니다.

건강한 생각
건강한 정신
건강한 육체
우리 모두가 살고 싶은 삶입니다.
나는 지금 감히 기대하지 않은
삶을 살고 있습니다.
고마울 뿐입니다.

눈뜨면 이리도 좋은세상
눈감으면 이리도 편한세상

2014. 12

장 길 섭

목차

C O N T E N T S

고맙습니다

나는 다 이루었습니다

C O N T E N T S

나는 지금 여기 있습니다

이것이 정말 나입니다

C O N T E N T S

내가 결정합니다

나의 나됨은 하나님의 은혜입니다

꿈틀

꿈도 꾸지 않고 사는 사람이 있습니다.
꿈만 꾸고 사는 사람이 있습니다.
꿈을 차근차근 이루어 가는 사람이 있습니다.

사람이 살아있다는 것은
꿈틀거린다는 것입니다.

사람은 꿈꾸는 틀입니다.
꿈을 꾸십시오.
꿈을 이루어 나아가십시오.

꿈틀거리십시오.

쉽게

내가 하는 일을 어렵다고 생각하지 않습니다.
내가 하는 일은 언제나 쉽다고 생각합니다.

내가 꼭 해야 할 일과
또 하지 않으면 안 될 일은
더욱 쉽다고
또 쉬어질 것이라는 믿음을 가집니다.
그러면 일은 더욱 쉽고 또 쉬어질 것입니다.

나는지금합니다

세 가지 선택권

하나, 상황을 피할 수 있는 권리
둘, 상황을 변화시킬 수 있는 권리
셋, 상황을 전적으로 받아들일 수 있는 권리

어느 권리를 선택하느냐가
지혜요, 성장입니다.

응답

사는 것이 어렵다구요.
어디에 그렇게 되어있습니까?

사는 것이 쉽다구요.
어디에 그렇게 되어있습니까?

삶은 쉬운 것도 아니고 어려운 것도 아닙니다.
삶은 그렇게 순간 그것으로 다가올 뿐입니다.

일은 일어나게 되어있고
일어나니 일이지 않습니까?

그 일에 대한 나의 듣는 태도
그 삶에 대한 나의 보는 태도
그 일과 삶에 대한 나의 응답이
바로 내가 사는 삶이지요.

나는 지금 합니다

선택

얼마 전 저는 평화보다는
혼란을 선택하고
그 대가를 치르느라
얼마나 수고했는지 모른답니다.

무슨 대가를 치렀느냐구요?
변명
짜증
창피함
분노
싫음
판단
·
·
·

대가치고는 국물 없는 것들입니다.
이제 나는 국물 있는 장사를 할 것입니다.

혼란보다는 평화를
비난보다는 자성을
선택할 것입니다.

나는 그런 선택을 할
힘과 자유가 있습니다.

의미와 가치

많은 사람들이 보이지 않는 창살에 갇힌 채
자기 본성과 분리된 채로 살고 있습니다.
우리는 자신이 이해하지 못하는 역할을
연기하기 위하여
대본에 따라 여러 동작을 하고 있는 배우처럼
세상을 구경만 할 뿐
정말 느끼지를 못하고 살고 있습니다.
바로 살아 있으나 죽은 삶입니다.
목숨만 연명하는 것이 삶이라면
그런 삶은 나무에게도 있고 동물에게도 있습니다.

삶의 의미를 찾으십시오.
삶의 가치를 구현하십시오.

피아노를 나를 때

피아노를 나를 때

피아노에 붙지 않고

의자를 나르는 사람이 있습니다.

자기는 가벼운 것을 들었다고 좋아하면서 말입니다.

피아노를 나를 때는

피아노에 붙어야

사는 제 맛을 내는 법입니다.

의자는 어린아이나 노약자의 몫이 아닐까요.

What's your desire?

우리는 지나치게 자기를 의식화하고 있습니다.

우리는 지나치게 합리성을 찾고 있습니다.

우리는 지나치게 논리적입니다.

척하기와 체면치레로 살아가고 있습니다.

우리는 몸의 욕구나 마음의 욕망으로부터

너무 멀리 떠나 있습니다.

꿈도 잃어버렸고 상상력도 마비되어 버렸습니다.

감성을 이성으로 지배하려고 합니다.

영성을 논리나 합리로 정리하려고 합니다.

기계가 되어 버렸고

꼭두각시가 되어 버렸습니다.

여기서 깨어 나와야 합니다.

생각에서 깨어 나와야 합니다.

틀에서 깨어 나와야 합니다.

관습에서 깨어 나와야 합니다.

What's your desire?

What do you want?

내가 무엇을 해주랴?

정말 너는 지금 무엇을 하고 싶니?

물어주시는 그 음성 따라 가고, 가고, 갑니다.

이렇게 물어주시는 선생님이 계셔서 행복합니다.

이렇게 물어주시는 주님이 계셔서 기쁩니다.

이렇게 물어주시는 하나님이 계셔서 놀랍니다.

묻고, 묻고, 묻고…… 물어…… 물어……

밝은 날 아침이 옵니다.

행복과 기쁨과 놀라움으로 삽니다.

나는 지금 합니다

디자이어 1

desire!
디자이어

디자이어를 만났다는 것은
하늘로 가는 길을 만난 것입니다.

디자이어라는 말이 바로
아버지께로부터
혹은 하늘로부터라는 말이랍니다.

사람은 다 살고 싶은 육체의
디자이어가 있습니다.
인간은 다 알고 싶은 생각의
디자이어가 있습니다.
남녀 누구나 사랑하고 싶은 느낌의
디자이어가 있습니다.

우리는 모두 삶을 작품으로 남기고 싶은 영적
디자이어가 있습니다.

살고 싶고
알고 싶고
사랑하고 싶고
표현해서 남기고 싶은 디자이어들을 만나주고
실현해 나아가는 것이
나의 길이고 진리이고 생명입니다.

나는지금합니다

디자이어 2

desire는 표현되기를 갈망합니다.
표현하고 싶은 것이 디자이어의 본성입니다.

우리는 이곳에 되어갈려고 왔습니다.
된다는 것은 성장하는 것입니다.
성장하려면 변화해야합니다.
변화는 생각을 바꾸고 행동할 때
일어나는 삶의 꽃입니다.

지금 일어난 문제는
기존의 생각으로는 풀 수가 없습니다.
과거의 생각으로는 풀 수가 없으니
문제가 발생한 것이니까요.

문제를 해결하고 싶다면
생각을 바꾸고 행동해 보는 것입니다.

생각을 어떻게 바꾸느냐구요.
그것은 지금 느낌을 알아차리고
디자이어를 알아내는 것에서 출발합니다.

그 출발점에는 여태껏 보지 못한 빛이 있고
지금껏 써보지 않은 힘이 있답니다.

그 출발점이 바로 부활점입니다.

나는 날마다 죽고
날마다 부활합니다.

나는 지금 합니다

가장 큰 욕망

사랑하고 싶고
사랑받고 싶다.
더불어 행복하게 관계하며
살고 싶다.

속일 수 없는 욕망입니다.
이 욕망을 접촉하십시오.
속이지 말고
속지 마십시오.
사랑하고 싶고
사랑받고 싶다는 욕망 접촉 없이
사람 되는 길은 없고
하나님 만나는 길은 없습니다.

하나님께서는 우리의
잃어버린 욕망을 일깨워 주시고

접촉하게 하여

삶의 중심으로

들어가게 하시는 분입니다.

네가 낫고 싶으냐?

무엇을 하고 싶으냐?

먹을 것이 있느냐?

세상 사람들이 나를 누구라고 하더냐?

길 가다가 무슨 일로 그렇게 다투었느냐?

.

.

.

욕망을 접촉시키는 물음 앞에 서는 것

바로 하나님 앞에 서는 것입니다.

필요

내 삶에 일어나는 모든 것은
내가 나되는데 꼭 필요해서
일어나는 것입니다.

반대로
내 삶에 일어나지 않는 모든 것도
내가 나 되는데 꼭 필요해서
일어나지 않는 것입니다.

그래서
지금 이 순간은 이래야 할 순간입니다.
이 일이 일어났으면 하는데 일어나지 않습니다.
이 일이 일어나지 않았으면 하는 일이
일어납니다.

그것은 사람은 필요가 아닌

원함에 맞추기 때문입니다.

그때 나타나는 신호는 고통입니다.

잘 듣고 합니다

생 · 각 · 의 · 빛

변화

삶은 변화입니다.
산다는 것은 변화한다는 것입니다.
제가 가장 좋아하는 단어 중에 하나가
변화입니다.
우리 삶이 변화가 없다면 하고 생각해 보시지요.
그냥 정해진 데로 평생 기계처럼 산다면
얼마나 끔찍한 삶이겠습니까.

변화를 즐기십시오.
변화 속에 삶이 있습니다.
변화 속에 생명이 있습니다.
변화 속에 삶의 예술이 있습니다.

일단 정지

전해들은 말 한마디에 화가 치밀어 오릅니다.
표정 하나에 기분이 상해 얼굴이 일그러집니다.
나도 같이 비난과 냉소를 퍼 붓습니다.

잉크에 잉크를 찌꺼리고
흙탕물에 흙탕물을 찌꺼립니다.
쓰레기에 쓰레기를 뒤집어 씌우고 또 씁니다.

이럴 때는 일단 정지를 해 보는 것입니다.
이럴 때는 멈추는 것이 지혜입니다.
멈춰서 뒤집어 쓴 잉크와 흙탕물과 쓰레기를
보는 것입니다.

큰 숨과 미소, 호탕한 웃음은
아주 좋은 브레이크가 되고
반전이 됩니다.

잘
듣
고
합
니
다

유연성

어느 한 일에만 매달리는 사람이 있다.
어느 한 생각에만 골몰하는 사람이 있다.
어느 한 친구만 사귀는 사람이 있다.
어느 한 이성에게만 관심을 두는 사람이 있다.
어느 한 이론에만 빠져있는 사람이 있다.
어느 한 종교에만 생활하는 사람이 있다.
어느 한 운동만 하는 사람이 있다.
어느 한 우물에서만 물을 마시는 사람이 있다.

이 세상은 한 일만 있지 않다.
이 세상은 한 생각만 있지 않다.
이 세상은 한 친구만 있지 않다.
이 세상은 한 이성만 있지 않다.
이 세상은 한 이론만 있지 않다.
이 세상은 한 종교만 있지 않다.
이 세상은 한 운동만 있지 않다.

이 세상은 한 우물만 있지 않다.

우리는 어느 하나를
끝까지 지키러 온 것이 아니다.
우리는 이 세상을
가능한 많이 만나 경험하러 왔다.

잘 든고 합니다

연금술사

쇠붙이를 어떻게 해서 황금을 얻으려고
연구에 연구를 했다지요.
고대 문서에서 연금술이 있다는 것을 보고서
온갖 궁리에 시도를 했던 것입니다.
덕택에 여러 방면에서 발전을 초래하게 되었지만
얻고자 했던 금은 찾지 못했던 것입니다.

고대 문서에 나오는 말들은 상징이었는데
그것을 일상 물질언어로 잘못 이해한 것이지요.

연금술은 인간 내면의 변화를 말하는 것입니다.

슬픔을 기쁨으로
실패를 성공으로
화 에너지를 창조로
성 에너지를 사랑으로

바꾸는 기술이 연금술인 것입니다.

매일의 일상에서 금을 만들어 내는 기술
그대가 바로 연금술사입니다.

잘 듣고 합니다

운명을 바꾸는 지름길 10가지

첫째로, 대가를 바라지 말고 친절해라.

둘째로, 밝게 웃어라.

셋째로, 먹는 태도를 바꿔라.

　　　　기호식품, 술, 담배, 커피등을 끊어라.

넷째로, 운동을 하면서 걸음걸이를 바꿔라.

　　　　그리고 춤을 춰라.

다섯째로, 친구를 바꿔라.

여섯째로, 선생님을 만나라.

일곱째로, 종교에 귀의를 해라.

여덟째로, 책을 읽어라.

아홉째로, 기도해라.

열째로, 일기를 쓰거나 기록해라.

핵폭발

핵 연료봉이 7개가 되어야

핵반응이 일어나 점화가 되어

핵폭발이 일어난다고 합니다.

6개가 되어서는 핵반응은

일어나지 않는다고 합니다.

꼭 7개가 되어야 한다고 합니다.

여리고성이 일곱 바퀴 돌아야 무너진 원리와

같지 않나 생각해 봅니다.

번뇌 즉 보리입니다.

십자가 즉 부활입니다.

압력이 차야 변화가 일어납니다.

100℃가 되어야 물이 끓습니다.

물음이 300개의 핵 연료봉으로 채워졌을 때

일어나는 내적 핵폭발

물음은 핵 연료봉입니다.

잘 듣고 합니다

다 듣고 다 보고

자동차 소리라 이름 붙이지 말고
그냥 그 소리로 들어봅니다.
새소리라 이름 붙이지 말고
그냥 그 소리로 들어봅니다.
처음 듣듯이 두 번 다시 못 들을 듯이

저것이 무슨 소리일까 묻지 않습니다.
예쁜 소리다, 시끄러운 소리다 하고
판단하지 않고 그냥 그 소리를
소리로 들어봅니다.

이름 붙이는 그 순간에 그것이 아닙니다.
그래서 깨어난 사람은 판단하지 않습니다.
삶은 흐름입니다.
진행 중입니다.
진행 중인 것은 무엇이라고 이름하고

흐르는 것을 무엇이라고 결론짓는 것

착각 중의 착각입니다.
가온고요의 자리에서 들리는 대로 다 듣고
나 여기 없이 있음에서 일어나는 대로 다 보고
다 보고,
다 듣고.

잘
든고
합
니
다

열고 닫고

눈을 열어야 보이는 것이 있습니다.
눈을 닫아야 보이는 것이 있습니다.

열려야 보이는 세계
닫아야 보이는 세계

사랑해야 보이는 너
미워해야 보이는 너

행복해야 느끼는 나
서글퍼야 느끼는 나

46

시도와 시행

단지 시도하는 것과
실제로 시행하는 것은
결과에서 엄청난 차이가 나타납니다.

실패자들은 말합니다.
시도해보았다고
성공자들은 말합니다.
그냥 했다고.

지와 행

안다고 생각하는 사람을
실제로 행동하게 하는 것

바로 그것이 깨달음입니다.

그 깨달음의 과정과 기술들이
깨어나기 이고
알아차리기 이며
살아가기 입니다.

길을 안다고 생각하는 것과
실제로 그 길을 가서 본 것과의 차이

밥맛을 안다고 생각하는 것과
실제로 그 밥을 먹어 본 것과의 차이
그 차이는 실제로 가 본 사람과

먹어 본 사람만이 알 것입니다.

지와 행의 합일을 향해가는 수련
삶의예술 하비람입니다.

Reaction — Response

자동 반응하는 삶에서
선택 응답하는 삶으로

이것은 성숙의 징표입니다.

반응하는 삶은
내 인생의 결정권을
상대나 상황에게 넘겨준 것입니다.
이는 식민통치를 받는 것이고
꼭두각시로 사는 것입니다.

응답하는 삶은
내 인생의 방향과 질을
내가 결정하는 것입니다.
'내가 결정한다'

통일과

독립과

자유로 사는 것입니다.

오늘 자기 자신에게 약속 한 번 더 합니다.

상황에 자동 반응하지 않고

선택 응답하는 삶을 살겠다고.

자동 반응하는 삶에서

선택 응답하는 삶으로.

Response - Responsibility

자극에 대한 나의 반응은
내 책임입니다.

책임지는 만큼이
내 삶의 영역입니다.

방관 내지는 냉소가 아니라
잘 듣고
잘 보고
서로 소리내어 알리며
자기 책임으로 느끼고
동참하는 삶의 자세야말로
아름다운 삶이 아니겠습니까.

자발성

자발적이 된다는 것은

지금 일어나는 일에 대해서

내가 전적으로 책임을 진다는 것입니다.

그러니 과거와 더 이상 싸우지 마십시오.

미래로 투사하지 마십시오.

지금 여기를 사십시오.

지금 할 수 있는 것을 하십시오.

행함 속에서만이 진정한 존재를 살 수 있습니다.

의심과 두려움

내가 어떤 삶을 살고 싶은지를 알고
그런 삶을 살아가기 위해
삶의 목표를 설정하고
구체적인 실행계획을 세워
해 나아가는데 가장 큰 에너지는
나는 할 수 있는 사람이라는 사실을 발견하고
그것을 기억하는 것입니다.

이때 찾아오는 손님이 바로
의심과 두려움입니다.
구피질에 두려움이
신피질에 의심의 구름이 찾아옵니다.
이것을 넘는 비결은 하나
그것은 뇌간에 있는 모르핀을
피워 오르게 하는 것입니다.
뇌간의 모르핀은 몸을 움직일 때만 피워 오릅니다.

용기는 의심과 두려움이 없는 상태가 아니라
의심과 두려움 중에도 행동하는 것입니다.

잘 듣고 합니다

이종결합

아침 여명이 아름다운 것은
아직 어둠이 남아 있어서고
저녁노을이 아름다운 것은
아직 빛이 남아 있어서랍니다.

빛과 어둠이 섞여있을 때의 아름다움.

빛과 어둠은 서로 다른 이종입니다.
서로 다른 이종이 만날 때에
새로움이 나옵니다.

히브리즘과 헬레니즘이라는 이종이 만나
기독교라는 새로운 옥동자를 낳습니다.
헬레니즘과 인도라는 이종이 만나
간다라 미술을 낳습니다.

불교와 유교라는 이종이 만나
성리학을 낳습니다.

서로 달라서 배우는 것이 많습니다.
서로 달라서 보여주는 것이 많습니다.
서로 다른 이종을 만나게 하고
결합시키는 기술이 연금술입니다.

그대는 태어나기를 연금술사로 태어났답니다.
남과 여, 서로 다름이 만나서 태어났으니까요.

지금은 그 어느 때보다 더
이종이 결합하는 창조의 시대입니다.
오늘도 나는 어떤 다름을 만나고
어떤 이종을 결합해 볼까요.

잘 듣고 합니다

위험한 사람을 만나라

30대 초반에 만난 글귀가 있습니다.
위험한 사람과 일주일에 한 번씩 식사를 해라.

예수는 그 시대에 정말 위험한 사람이었습니다.
붓다, 소크라테스, 노자도
그 시대에 위험한 사람이었습니다.
바울도, 루터도, 유영모도
그 시대에는 위험인물이었습니다.

평범한 사람을 만나면
평범한 삶에 평범한 이야기를 만납니다.
위험한 사람을 만나면
위험한 삶에 위험한 이야기를 만납니다.

위험하다는 것은 변화가 있다는 것입니다.
변하지 않고

예전대로 생각하고
예전대로 느끼고
예전대로 말하고
예전대로 행동하면
사람들은 안심합니다.

그런데 예전대로 생각하지 않고
가르쳐준 대로 말하지 않고
다르게 느끼고
새롭게 행동하면
불편해 하고 두려워합니다.

위험을 만나지 않고서는 변화는 없습니다.
변화가 없는 삶은
이미 죽은 삶이요 죽은 사람입니다.
자기가 사는 삶의 향기에 취해
자기 노래와 자기 춤이 없다면

잘
듣고
합
니
다

59

감동과 감격, 고마움이 없이
어쩔 수 없이 하루하루 소일하고 있다면
그것은 형벌이고 이미 저주를 받고 있는 것입니다.

변화는 일단 뛰어 들어 가는 것입니다.
안전에서 위험으로
미루기에서 저지름으로
일단 해 보는 것입니다.

그러고 보면 아침햇살은 참 위험한 사람입니다.
그러고 보면 하비람도 참 위험한 핵폭탄입니다.

누구든지 깨어나기를 만나면
내적폭발이 일어나고
예전 사람과는 다른 사람이 되니까요.

잘 듣고 합니다

잘
보
고
합
니
다

생 · 각 · 의 · 빛

거울

거울을 보시지요.
하지만 거울은 보이지 않습니다.
거울을 보는 나를 볼 수 있을 뿐입니다.
거울은 그 누구도 아닌
나를 보여주는 비추임입니다.

겉사람을 보여주는 거울처럼
속사람을 보여주는 거울이 있어야 하지 않겠습니까.
내 생각을 비추어 볼 수 있는 거울
내 감정을 비추어 볼 수 있는 거울
내 영적상태를 볼 수 있는 거울
내 desire 즉 생명력을 볼 수 있는 거울

거울 앞에서

잠에서 깸으로

걸음을 알아차리고
문 여는 손을 알아차리고
수도꼭지에 나오는 물소리를 알아차리고
물을 손에 담아 얼굴을 씻습니다.
한 번, 두 번, 세 번……
얼굴을 거울에 비춥니다.
환하게 웃어봅니다.
그때 일어나는 삶의 경의와 사랑, 고마움……
그리고 자주 명쾌하게 말합니다.

"지금 보고 있는 네가
오늘 네 자신의 삶에 대해
책임질 유일한 존재다!"

잘
보
고
합
니
다

물음과 거울

물음을 놓치지 마십시오.

물음은 여러분을 빛으로 인도할 것입니다.

거울에 자주 비추어 보십시오.

거울은 여러분을 물음 가운데로 인도할 것입니다.

묻고 생각하고 비추어보고……

한 손에 물음

한 손에 거울

묻는 만큼 자기 삶입니다.

비출 수 있는 만큼 자기 삶입니다.

얼굴 1

지금 자기 얼굴은
자기가 지금까지 살아온 삶이요
또 지금 살고 있는 삶입니다.

얼굴은 내가 누구이며
삶에서 내가 무엇을 배웠고
무엇을 배우지 못했는지를
그대로 드러내 줍니다.

그런데 자기 얼굴은 자기가 볼 수 없습니다.

잘
보
고
합
니
다

얼굴 2

얼굴은
내 안과 밖이 만나는 접촉점.

얼굴은
내 안과 밖이 어울리며 나타나는 신비의 그림.

얼굴은
내 육체의 절정.

얼굴은
내 하늘의 문.

얼굴 3

얼굴은 단지 눈과 코, 입과 귀, 머리의
조합이 아닙니다.

눈은 영혼의 창입니다.
코는 영혼의 문입니다.
입은 영혼의 기둥입니다.
귀는 영혼의 길입니다.
머리는 영혼의 방입니다.
얼굴은 영혼의 집입니다.

그래서 사람의 얼굴을 표현하기가
정말 어렵다는 것이
화가들의 한결같은 고백입니다.

잘
보
고
합
니
다

누가 치즈를 옮겼을까 1

정말 누가 치즈를 옮겼을까요?
누가에 초점을 맞추고 사는 사람이 있습니다.
누구 때문에 치즈가 줄었다는 것입니다.
누구 때문에 치즈가 맛이 없어졌다는 것입니다.
누구 때문에 치즈 모양이 바뀌었다는 것입니다.

누가 치즈를 옮겼을까요?
어쩌면 자기들이 그 치즈를 다 먹어 놓고서는
누가 치즈를 옮겨 갔을까하고
비난하고 있는 것은 아닌지요.

치즈를 다시 가져다 줄 사람은 없습니다.

누가 치즈를 옮겼을까 2

실패하는 사람들의 비밀이 있습니다.
그것은 목표가 분명치도 않을 뿐더러
어느 순간에 목표를 잃어버린다는 것입니다.

목표는 누가가 아니라 치즈였습니다.
내가 찾고 있는 것은 누가 옮겼는가가 아니라
치즈가 어디 있느냐는 것입니다.

성공한 사람들은 목표가 분명하고
끝까지 그것을 잃어버리지 않습니다.

잘
보
고
합
니
다

진실

살면서 내 자신에게 수련 중에 안내하면서
자주 묻는 물음이 있습니다.

……이 진실입니까?
……이 진실이라고 확신할 수 있습니까?

이 질문 앞에 대답은
예와 아니오, 두 가지 밖에 없습니다.

진실이라고 믿으면
……이 나에게는 진실이 되고
진실이 아닌 거짓이라고 믿으면
……이 나에게는 거짓이 됩니다.

그런데 사실의 바탕위에 둔 진실을
진실로 믿으면 삶은 기쁨이고 평화입니다.

하지만 사실이 아닌 자기 생각을
진실로 믿으면 삶은 고통이고 분노입니다.

우리는 이 땅에
'예'를 배우러 왔습니다.

'예'를 배울 때까지 우리는
고통을 겪을 것입니다.

잘
보
고
합
니
다

균형 맞추기

내 마음 밭을 가꾸다보면
원하지 않는 풀들이 있습니다.
원망, 불평, 탐욕, 분노, 정욕……
잡초들입니다.
그러나 잡초 없이는 어떤 농사도
지을 수가 없습니다.
사랑과 이해와 기쁨과 감사와
고마움의 곡식들을 키우려면
잡초도 함께 자랄 수밖에 없습니다.
그러나 때에 알맞게 그런 잡초들을 뽑아 관리하면
오히려 그런 것들이 거름이 되는 것을 봅니다.

어떤 이는 농사하려는 곡식은 보지 않고
여름 내내 잡초와만
씨름하고 싸우는 사람이 있습니다.
어떤 이는 잡초는 적당하게

아침, 저녁으로 뽑아 주면서

곡식을 키우고 자라게 하는 재미로

사는 사람도 있습니다.

잡초 뽑기와 곡식 가꾸기의 균형 맞추기

삶의 신비입니다.

아름다움 1

아름다움의 1단계

잘 빠진 몸매와 멋진 옷을 입은 사람.

아름다움의 2단계

착한 마음과 상냥한 태도를 가진 사람.

아름다움의 3단계

아는 것이 많고 진리에 대해 열린 사람.

아름다움의 4단계

아름다움 그 자체를 알고 있는 사람.

"삶의 아름다움을 찾고, 찾고, 찾다가

아름다운 지구별에서

더 아름다운 그곳으로 간 사람"

나의 묘비에 이런 글귀 하나 남기고 싶습니다.

아름다움 2

아름다움으로 들어가기

기지개를 폅니다.
호흡을 고르게 합니다.
얼굴 근육을 풀고
얼굴 가득히 미소를 머금습니다.
들리는 소리를 다 듣습니다.
숨소리까지를.

머리 위를 봅니다.
하늘이 있고 구름이 흐릅니다.
천정이 있고 전등이 켜져 있습니다.
아름다움이 위에 있습니다.

왼쪽을 봅니다.
건물이 서 있고 나무가 서 있습니다.

잘 보고 합니다

산이 있고 길이 있습니다.
아름다움이 왼쪽에 있습니다.

오른쪽을 봅니다.
자동차가 지나가고 잠자리가 납니다.
오디오가 있고 책이 있습니다.
아름다움이 오른쪽에 있습니다.

앞을 봅니다.
자동차가 신호를 넣어주고 길이 나있습니다.
컴퓨터가 있고 글씨가 나타납니다.
아름다움은 앞에 있습니다.
뒤를 봅니다.
자동차가 줄지어 오고 의자 등받이가 있습니다.
노을이 보이고 공원이 있습니다.
아름다움이 뒤에 있습니다.

안을 봅니다.

허파가 있고 심장이 있습니다.
생각을 할 수 있고 느낄 수가 있습니다.
아름다움은 내 안에 있습니다.

아름다움은 내 위에, 왼쪽, 오른쪽,
앞과 뒤에 그리고 안에 꽉 차 있습니다.

잘
보
고
합
니
다

생 · 각 · 의 · 빛

이런
내가
좋습니다

사람

고대 천년은 자연이 주제였습니다.
중세 천년은 신이 주제였습니다.
근세 천년은 사람이 주제였습니다.

사람은 자연을 통해 사람을 만납니다.
사람은 신을 통해 사람을 만납니다.
사람은 사람을 통해 신을 만납니다.
사람은 신을 통해 자연을 만납니다.
사람은 자연을 통해 신을 만납니다.

사람임이 이렇게 신비할 수가!
내가 사람이라니!
사람이 나라니!

아! 숨채이오!

행복한 사람

행복한 사람은 요구하지 않습니다.

행복한 사람은 투기하지 않습니다.

행복한 사람은 시기하지 않습니다.

행복한 사람은 심술을 부리지 않습니다.

행복한 사람은 싸우지 않습니다.

자기 행복에 머무르십시오.

행복이 자기 안에 차고 넘치게 합니다.

그 행복감이 흘러넘칠 때

그 행복으로 사람을 만나고

그 행복으로 일을 하고

그 행복으로 하나님께 예배하고

이런 내가 좋습니다

강인한 사람

나는 어떤 위협에도 눈도 깜박이지 않는
강인한 사람이 될 수 있습니다.
이것은 마음만 먹으면 됩니다.

그러려면 먼저 자존감을 키우십시오.
스스로 나 여기 없이 있음을 묵상하고
뿌리를 박고 견고히 키워 나아가십시오.

우리는 더우면 옷을 벗고
춥고 바람이 불면 옷을 입습니다.
마찬가지로
내면이 추워지고 바람이 불면 옷을 입고
자신을 보호해 나아가십시오.
내면이 더우면 옷을 훌훌 벗고
자신을 보호해 나아가십시오.
벗을 때가 되면 벗고

입을 때가 되면 입으십시오.

적당하게 무시하는 연습을 해 보십시오.
말에 상처받고 있다 구요.
평가에 상처받고 있다 구요.
그들은 그냥 아무 생각 없이 지나가는
말이었을지도 모릅니다.
아니 그 사람은 지금 무슨 말을 했는지도 모릅니다.

조금은 뻔뻔해야 할 때가 있습니다.

이런 내가 좋습니다

비켜주는 사람

수련장 사무실 앞에 느티나무 숲이 있습니다.
제가 참 사랑하고 아끼는 정원입니다.
애기나무를 키워 숲까지 이루는 여정을 생각하면
가슴이 뭉클뭉클 합니다.

초봄에 연록 잎이 나와 사이사이를 채우더니
한 여름에는 꽉 차 있어
앞을 거의 볼 수가 없었습니다.
가을에는 단풍으로 우리의 마음을 흥분시키더니
겨울이 되자 휑하게 보이도록 비켜서 있습니다.

그래서 냇가도 보이고 건너 마을도 보입니다.
볼 수 있도록 비켜 준 나뭇잎들이 참 고맙습니다.
나도 때가 되면 저렇게 건너를 볼 수 있도록
비켜나 주어야 하겠지요.

지금 내가 선 자리는 이미 이렇게

선배, 부모, 선생님들이 비켜서 준 자리입니다.

좁은 길에서 길 가도록 비켜준 사람의 모습이

참 아름답게 떠오르는 오늘입니다.

이런 내가 좋습니다

큰사람 1

자기를 안다는 것은
결국 자기가 없음을 경험하는 것입니다.
근본경험이라 해도 좋고
십자가 경험이라 해도 좋습니다.

그런 경험이 있어 내가 있는 것이지
내가 있어 그런 경험을 하는 것이 아닙니다.

나라는 것은 일체가 생각입니다.
나는 생각이 없이 있는 그 무엇으로 있음입니다.
없이 있는 있음으로 있는 나

그 나 없이 있음이 때가 차서
이곳 되어감의 나로 나타났습니다.
나 있음을 실현하기 위해
하나님의 뜻을 실현하기 위해서지요.

여기 나 없이 있음과 이곳 나 되어감의 조화

바다와 파도

이 얼마나 멋진 삶인가.

이 얼마나 신비한 삶인가.

아! 삶의 신비여!

큰사람 2

자기를 안다는 것은
자기에게 문제가 있음을 알고
그 문제를 해결한 사람입니다.
자기 문제를 해결하려고
열심히 배우고
많이 알아야 합니다.
열심히 배우려면
친구들을 만나야 하고
많이 알려면
선생님을 만나야 합니다.
친구들을 만나 일을 통해
세상을 배웁니다.
선생님을 만나 사랑을 통해
하늘을 배웁니다.

차이

삶의 차이는
단지 생각의 차이일 뿐.

사람의 차이는 없습니다.

배우는 사람

이 세상에서 가장 강한 사람은
배우는 사람입니다.
이 세상에서 가장 강한 회사는
배우는 회사입니다.
이 세상에서 가장 강한 나라는
배우는 나라입니다.
배우지 않는 개인
배우지 않는 회사
배우지 않는 나라는
망하게 되어 있습니다.

왜냐하면 이 세상에 나타난 모든 것들은
이 세상을 배우러 왔기 때문입니다.

가르치는 것도
배우는 한 과정일 뿐입니다.

배우고, 배우고, 배우다가

배움이 그 자체가 내가 되어 가는 것이

인생이고 삶인 듯합니다.

최고의 사람

삶에서 최고의 기술은
사랑하는 기술
사랑받는 기술

세상에서 최고의 법은
사랑하는 법
사랑받는 법

지구별에서 최고의 사람은
지금 사랑하고 있는 사람
지금 사랑받고 있는 사람

지금 사랑하고 있지 않는 것은
허송세월하는 것

이런 사람

내 마차가 안 간다고
옆 말을 때리는 사람

내 배가 아픈데
옆 사람에게 약을 먹이는 사람

전봇대에 부딪히고서는 멀쩡히
서 있는 전봇대를 원망하는 사람

약 처방을 갖고서 연구만하거나 자랑만하지
그 약 처방대로 약을 지어먹지는 않는 사람

현명하게 사는 사람

선생도 없고 친구도 없는 사람
곤고하게 사는 사람

선생이 없이 나쁜 친구에게 빠져 사는 사람
얼빠져 사는 사람

친구는 있고 선생이 없는 사람
어리석게 사는 사람

선생도 있고 친구도 있는 사람
현명하게 사는 사람

서있는 사람

사람은 모름지기 서야 합니다.
서야 사람입니다.

마음을 세우는 정조情操
뜻을 세우는 지조志操
몸을 세우는 체조體操

사람되기

사람이 되려면
참 사람을 만나야 합니다.
깡패를 만나면 깡패가 되고
사기꾼을 만나면 사기꾼이 됩니다.

참사람인 예수를 만나는 것이
바로 내가 참사람이 되는
길 중의 길입니다.

그런데 어디 예수 만나는 것이
말처럼 쉽지가 않습니다.
그러니 물으십시오.
예수를 만나 참사람이 된
선생님을 만나십시오.

선생님을 만나고, 만나면

나도 언젠가는

참사람인 선생님이 되지 않겠습니까?

이런 내가 좋습니다

고맙습니다

생 · 각 · 의 · 빛

감사 1

감사는 자기 자신을 용납하는
용기중의 용기

감사는 나의 나됨에서 터지는
찬송중의 찬송

감사 2

아침을 감사로 여는 사람이 있는가 하면
아침을 부담과 의무와 짜증으로
여는 사람이 있습니다.

저녁을 감사로 닫는 사람이 있는가 하면
저녁을 불만과 후회와 원망으로
닫는 사람이 있습니다.

영생은 하루 속에 있습니다.
하루를 감사로 열고 감사로 닫는 사람은
영원한 생명을 사는 사람입니다.

고맙습니다

감사 3

요구해서 얻는 것보다
감사해서 얻는 것이 훨씬 크고 많습니다.

태양에게 한번 요구해 보세요.
무엇을 얻을 수 있는지.
태양에게 한번 감사해 보십시오.
무엇을 얻을 수 있는지.

감사를 잃은 것은
인간성을 잃은 것이지요.

감사 4

감사한다는 것은 하나님께로
돌아가는 마음입니다.
감사한다는 것은 참 자아에게로
돌아가는 마음입니다.

찬송함으로 하늘나라 그 문에 들어가고
감사함으로 하늘궁전에 들어갈 수 있습니다.

감사와 찬송의 열쇠로만 열리는 나라가
바로 하늘나라입니다.

매일 매일 은혜를 알아차리고
매일 매일 덕택을 기억하면
저절로 감사와 찬송이 올라옵니다.
그 감사와 찬송으로 일들을 만나십시오.
그 어떤 어려운 문제도 다 풀릴 것입니다.

고
맙
습
니
다

감사 5

삶에 대한 감사를 놓치지 맙시다.
삶을 당연히 무감각하게 사는 것은
무지요 교만이요 태만이지요.

눈 뜨는 것이 참 감사합니다.
듣는 것이 참 감사합니다.
바람을 맞는 것이 참 감사합니다.
햇빛을 받을 수 있는 것이 참 감사합니다.

걷고 일을 할 수 있는 것이 감사이지요.
서로 만나 웃고 얘기하는 것이 감사이지요.
슬픔을 겪고 기쁨을 경험할 수 있는 것이
감사이지요.

감사 속에 있지 않는 것은
진짜 삶을 놓치고 있는 것입니다.

용서와 감사

용서라는 왼쪽 날개를 달고
감사라는 오른쪽 날개를 펴고
산 넘고 강 건너 훨훨 날고 싶습니다.

고
맙
습
니
다

항상 감사

불평 속에 있다는 것은
자기 생각을 우상시하고 있는 증거이고
감사 속에 있다는 것은
하나님을 경배하고 있다는 증거입니다.

그냥 감사하십시오.
그 무엇이 내 뜻대로 되어서가 아니라
내 원대로 되지 않은 것에 대해 감사할 때
그 감사는
나를 새로운 삶의 차원으로 데리고 갑니다.

일어나지 않은 일에 대해서도 감사해 보십시오.
이는 삶의 중심에 들어가는 비밀통로입니다.
이는 하나님을 독대할 수 있는 지름길입니다.

고맙습니다

감사로 채우기

눈에 감사합니다.

볼 수 있어 참 감사하다고.

귀에 감사합니다.

들을 수 있어 참 감사하다고.

코에 감사합니다.

숨 쉴 수 있어 참 감사하다고.

입에 참 감사합니다.

말할 수 있어 참 감사하다고.

다리에 감사합니다.

걸을 수 있어 참 감사하다고.

그렇게 나를 감사로 채우고 나면

나의 눈에서 이웃의 눈으로

나의 귀에서 이웃의 귀로

나의 코에서 이웃의 코로

나의 입에서 이웃의 입으로

나의 다리에서 이웃의 다리로

감사는 넘치고 흘러서

우리는 감사로 꽉 찬 세상을 살게 됩니다.

감사한 인생

감사한 세상

참 감사합니다.

모든 것은 나로부터 떠나

나에게로 돌아옵니다.

고
맙
습
니
다

신비

신비로 본다는 것은
내가 아직 모른다는 것입니다.

아는 것으로 보는 한은
아는 것 안에서 보는 것이니
그것은 과거를 사는 것이 됩니다.

모르는 것으로 볼 때
보이는 것이 있습니다.
모르는 것으로 들을 때
들리는 것이 있습니다.

모르는 것으로 살 때
내리는 삶의 은총
신비입니다.

나는 아직 모를 뿐

나는 아직 모릅니다.

내가 다 어떻게 알겠습니까?

안다는 생각이 있음을 봅니다.

그 생각을 적당히 사용하고

그 생각을 내려놓을 줄도 압니다.

나는 아직 다 모릅니다.

고
맙
습
니
다

신묘막측

비가 변하여 눈이 되는 것일까
눈이 변하여 비가 되는 것일까

눈이 되어도
물이 되어도
물은 변함없이 물이네요.

여기 나 물로 있음을 알아차리고
때와 장소에 따라
비로 혹은 눈으로 이곳 나 되어가는 삶의 비밀을
체득해 가며 살아가는 삶의 신비여!

나는 오늘 그 신비를 선물 받고 있습니다.

기적 1

우물을 사이에 두고

두 수도원의 제자들이 만났습니다.

우리 선생님은 종종 기적을 행하신다.

눈먼 자를 눈 뜨게 하고

절름발이를 걷게 하신다.

벙어리들이 말을 할 때도 있어.

.

.

.

우리 선생님은 매일 기적을 행하시는데.

우리 선생님은 말씀하셨어.

내부의 원願을 신이 들어주시는 것이 기적이 아니다.

신의 뜻에 내가 바뀌는 것이 기적이라고 말이야.

고
맙
습
니
다

기적 2

내게는 예수님이 물위를 걸으신 것이
기적이 아닙니다.
나에게 진정한 기적은
내가 지금 왼발, 오른발을 알아차리며
한 걸음 한 걸음
땅위를 걷는 것입니다.
어거스틴도 그랬습니다.
오병이어보다 더 큰 기적은
씨앗 하나가 돋는
새싹이라고 말입니다.
홍해가 갈라지고
여리고성이 무너지는 것보다

더 큰 기적은

내가 지금 여기 있다는 것이고

또 그것을 알아차리는

앎이 있다는 것입니다.

고
맙
습
니
다

평화

들숨과 날숨을 알아차립니다.
들리는 소리를 다 듣습니다.
그러면 금방
몸과 마음이 따로 있다가
하나가 됩니다.

깊어가는 들숨
길어지는 날숨
몸과 마음의 합일
내려오는 하늘평화

평화 속에 있게 합니다.
평화 속에 있게
평화 속에
평화

두 발은 비록 전쟁터에 있을지라도
가슴에 장미꽃이 피어나게 합니다.

생 · 각 · 의 · 빛

나는 다 이루었습니다

정성으로 살기

눈은 하나님께서 그리신 미술 작품을
본다는 마음으로
정성을 기울여 봅니다.

귀는 하나님께서 작곡하신 음악 작품을
듣는다는 마음으로
정성을 기울여 듣습니다.

처음 보듯이
두 번 다시 듣지 못할 듯이
그렇게 정성을 기울여 봅니다.

건성, 건성이 아닌
정성으로

손이 닿는 하나하나에

정성으로 만지고
발이 닿는 하나하나에
정성으로 내딛고

정성으로 사는 하루
정성으로 사는 일상

나는 다 이루었습니다

다해서

아침에 일어나니
베개는 베개의 일을
이불은 이불의 일을
침대는 침대의 일을 다 하고 있습니다.
'다해서'하는 사랑을 느낍니다.

수도꼭지는 수도꼭지의 일을
비누는 비누의 일을
세면대는 세면대의 일을
거울은 거울의 일을 다 하고 있습니다.
'다해서'하는 사랑을 느낍니다.

마음을 다해서
힘을 다해서
성품을 다해서

사랑하고 싶고

다해서 일하고 싶고

다해서 살고 싶습니다.

다해서 없는 깨끗한 삶을 살고 싶습니다.

나는 다 이루었습니다

안과 밖

'이런 내가 싫어'와
'이래서는 안되지'라는
말을 할 때를 살펴보면
안과 밖이
지금 대립을 하고 있다는 것입니다.

안은 자기의 지금하고 있는
생각과 느낌을 말하는 것이고
밖은 지금 함께하고 있는
사람, 장소, 일……등 환경을 말합니다.

안과 밖이 대립할 때 우리는 고통을 겪습니다.
화가 나거나 슬프거나 힘이 듭니다.

이때 우리는 밖의 환경을
안에 있는 생각과 느낌대로 바꾸고 싶지만

그렇지 못한 경우가 너무나 많습니다.
이때 지혜로운 사람은 밖의 환경에다가
안에 있는 생각과 느낌을 슬그머니 바꾸어 놓고서는
지금 여기서 가만히 바라봅니다.
그 되어감의 신비를 바라봅니다.

그 바라봄은 얼굴에 미소를 번지게 합니다.
그 미소는 밖의 환경과 내 안의 마음을
하나 되게 합니다.

안과 밖을 하나 되게 하는 연습은
나를 삶의 깊은 신비로 안내해 갑니다.
아! 삶의 신비여.

눈 뜨면 이리도 좋은 밖이 있고
눈 감으면 이리도 편한 안이 있으니

나는 다 이루었습니다

눈만 두세 번 감고 뜨면

안이 밖이 되고

밖이 안이 되어

나도 없고

세상도 없고

그 분의 영광만 가득하네요.

하늘의 영광 속에 나는

오! 하는 감격으로

늘! 사는 것입니다.

간격 넓히기, 간격 좁히기

자극에 대한 나의 반응 간격은 넓혀가고
생각과 행동 간격은 좁혀가는 기술

이것이 삶을 예술로 가꾸는 기술입니다.

나는 다 이루었습니다

동양과 서양

동양의 종은 밖을 쳐서 안을 울립니다.
서양의 종은 안을 쳐서 밖을 울립니다.

안으로의 길
밖으로의 길

동양의 종과 서양의 종이
내 가슴에서 조화롭게 만나고 있습니다.

옛것과 새것

과거를 기재로
미래를 장래로
현재를 현존으로

옛것과 새것을
마음대로 골라 쓰는 사람
바로 현존입니다.

남성성과 여성성

아름다운 사람, 성숙한 사람이 되고 싶다면
남성성과 여성성을 균형 있게 발전 시켜야 합니다.

남자가 무뚝뚝하고 공격적인 것은
남성성이 넘치는 것이 아니라
여성성이 부족한 것입니다.

여자가 남의 말에 무조건 따르는 것은
여성성이 넘치는 것이 아니라
남성성이 부족한 것입니다.

남자에게서 부드러운 여성성이 흘러나올 때
여자에게서 파워풀한 남성성이 흘러나올 때
그 순간 참 매력이 있고 아름답습니다.

규칙과 신념

현명한 사람은 현명한 신념을 세웁니다.
하지만 현명한 사람은 그 규칙과 신념을
지킬 때는 철저히 지키지만
넘어 설 때는 순간에 넘어섭니다.
우리는 그것을 창조라고 합니다.
사람들은 그것을 보고 아름답다고도 하고
아주 참 멋있다고도 하더군요.

나는 다 이루었습니다

시작과 끝

시작과 끝이 있고
출발과 마침이 있는 세계가 있습니다.
그 동네에 사는 사람들은
그것이 사실이고 진실입니다.
하지만 조금 들여다보면
끝은 또 다른 시작이고
시작은 또 다른 끝입니다.
출발은 그 무엇의 마침이고
마침은 그 무엇의 시작입니다.
시작과 끝은 결국은 없다는 말입니다.

시간은 생각 속에만 있습니다.
생각을 벗어난다는 것은
시간을 벗어난다는 것입니다.
시간을 벗어난다는 것은
시간 없음으로 나아가는 것입니다.

벗어난 시간을 우리는
지금 여기라고 말합니다.

지금 여기는 항상 은혜의 시간입니다.
지금 여기에 나는 항상 있습니다.

나는 다 이루었습니다

함께 있음

함께 있음을 즐기십시오.

지금은 그분과 함께 할 수 있는
기회중의 기회입니다.
함께 할 이런 기회는 한번뿐입니다.
판단하거나 분별은 잠시 내려놓고
그 분과 하나 되어 어울려 느껴봅니다.

그 분의 생각과 하나 되어 봅니다.
그 분의 감정과 하나 되어 봅니다.
그 분의 몸짓과 하나 되어 봅니다.

나는 없고
우리만 있습니다.

우리는 그 분과 함께 하고 싶어

지금 여기 있는 것입니다.

지금 여기 있는 사람은
나는 지금 한다로
그 분과 함께 합니다.

나
는
다
이
루
었
습
니
다

홀로 있음

홀로 있음을 즐기십시오.

홀로 있을 때만 만날 수 있는
친구들이 있습니다.
홀로 있을 때만 찾아오는
손님들이 있습니다.
홀로 있을 때만.

그리움이 찾아오면 그리움과
외로움이 찾아오면 외로움과
슬픔이 찾아오면 슬픔과
하나 되어 가만히 있어봅니다.

그때 그 그리움만이 가져다주는 선물이 있습니다.
그때 그 외로움만이 데리고 가는 세계가 있습니다.
그때 그 슬픔만이 회복시키는 은총이 있습니다.

홀로 있을 수 있는 사람만이
함께 할 수 있는 사람입니다.

삶의 예술작품 전시회

나는 이미 작가입니다.
내 삶의 이야기를 쓰는 작가입니다.
나는 이미 예술가입니다.
내 삶을 작품으로 만드는 예술가입니다.
세상은 이미 전시장입니다.
자기들의 삶의 그림들을 전시하고 있는
전시장입니다.
직장은 이미 공연장입니다.
자기들의 삶의 노래와 춤들이
이미 공연되고 있습니다.

우리는 삶의 예술가 협회를 결성하는 것입니다.
삶의 예술가 협회가 결성되는 날
하늘의 영들은 어떤 춤을 출까요?
땅의 자연들은 노래를 할 것입니다.

나는 내 삶을 지휘하는 삶의 지휘자

나는 내 삶을 연출하는 삶의 연출가

나는 내 삶을 조각하는 삶의 조각가

나는 내 삶을 노래하는 삶의 작곡가

나는 내 삶을 조경하는 삶의 조경가

나는 내 삶을 건축하는 삶의 건축가

.

.

.

나는
다이
루었
습니
다

일상

앉고

서고

눕고

걷고

.

.

.

삶입니다.

나머지는 다 이야기입니다.

좋은수

수 중에 가장 좋은 수는 좋은수입니다.
언제나 좋은수가 있습니다.
어디에서나 좋은수가 있습니다.
누구에게나 좋은수가 있습니다.

좋은수를 찾으십시오.
좋은수가 있다면
일단 그 수를 놓아 보십시오.
나는 좋은수를 놓은 사람이라고 믿어 보십시오.

십자가는 좋은수입니다.
부활은 더 좋은수입니다.

나는 다 이루었습니다

생 · 각 · 의 · 빛

나는
생명
입니
다

건健 – 마음의 날씨를 알아차려라

우리는 바깥 날씨에 따라
옷차림과 신발이 달라집니다.
우리는 바깥 날씨에 따라
하는 일도 달라집니다.
그래서 매일 날씨를 알아차리라고
일기예보를 몇 번이고 보고 듣고 확인을 합니다.

마음에도 날씨가 있습니다.
흐림인지 맑음인지
산들바람인지 태풍인지
따뜻한지 추운지
.
.
.

마음의 날씨를 알아차려 주는 것
건강하게 사는 비결 중의 하나입니다.

강剛 – 세포를 즐겁게 해주라

우리 몸은 세포분열에 의해서 형성된

조직의 경험이요

기관의 모임입니다.

가장 기본단위는 한 세포, 세포입니다.

그 한 세포, 세포를 즐겁게 해 주십시오.

세포를 어떻게 하면 즐겁게 할까요?

세포에 햇빛을 쐬어 줍니다.

시원한 바람을 맞게 해 줍니다.

종종 땀이 흐르게 해 줍니다.

체질에 맞는 음식을 공급 해 줍니다.

걸어 주고 뛰어 줍니다.

근육은 단단하고 탄력 있게 해 줍니다.

충분히 쉬어 줍니다.

세포를 즐겁게 해 주는 것

건강하게 사는 비결중의 둘입니다.

나는 생명입니다

147

건강

건강한 정신이란

진리를 위해 목숨을 던지는 것이고

건강한 육체란

생명을 위해 삶을 던지는 것입니다.

에너지

에너지를 효과 있게 사용하는 기술은
지혜중의 지혜입니다.
에너지 효율의 극대화는
슬기중의 슬기입니다.

힘을 뺄 때는 빼셔야 합니다.
괜히 힘 줄 필요는 없지요.
힘을 써야 할 때는 왕창 써야 합니다.
그때는 힘을 아껴서는 안 되지요.
미루고서는 후회를 합니다.

나는 생명입니다

춤

춤이란
사람과 하나님
몸과 마음의 접촉점에서
일어나는 불꽃

음악이란
그 불꽃의 접촉점에 붙는 휘발유

눈물과 웃음

눈물은 세상에서 가장 깨끗한 물
웃음은 세상에서 가장 큰 숨

삶은 눈물과 웃음 사이가 있는 그 무엇.

슬픔

슬픔은 고향을 잃어버린 것
큰 슬픔은 고향에 대한 그리움이 없는 것
더 큰 슬픔은
고향을 잃어버리고서도 그리움이 없고
슬픔을 느끼지 못하는 것.

이곳 나 되어감의 타향살이는
여기 나 없이 있음의 고향 가는 길을
안내 해주는 이정표들.

기쁨 1

기쁨은 세상이 주는 것이 아닙니다.
속지 마십시오.
속이지도 마십시오.

정말입니다.
기쁨은 세상이 주는 것이 아니라
주는 척 할 뿐입니다.

진정한 기쁨은
내 안에 있고
내가 세상을 즐기는 데서 오는
순간순간의 불꽃이요 향기입니다.

기쁨 2

힘들게 사는 사람은
힘을 들고 다니는 사람이다.
무엇을 못 들고 다녀
힘을 들고 다니는 것인지?……
힘은 쓰라고 있는 것이다.
힘을 써라.
힘써 살아라.
힘을 쓰면 빛이 나온다.
빛과 힘이 만나면
기쁨이 일어난다.
나는 기쁨이다.

물음은 어디서

저 별은 어디서 생겼지요?

저 달은요?

저 산과 들은요?

저 바다는요?

저 하늘은요?

화가 왜 나지요?

그리움은 어디서 오지요?

·

·

·

그렇게만 묻지 말고

그런 물음이 어디서 오는지를 물어 보시지요.

더 나아가서 그런 물음을 묻는 이는

지금 어디 있으며 누구인지를 물어 보세요.

물음 안에 빛이 있습니다.

아니 물음 자체가 빛입니다.

물음

수준 있는 물음이

수준 있는 인생을 만듭니다.

물음 이상으로 삶은 열리지 않습니다.

성공한 사람들의 삶은

성공적인 답을 찾는 것이 아니라

성공할 수 있는 물음을 먼저 가졌던 것입니다.

물음만큼이 삶입니다.

나는 생명입니다

물음 선생님

물음은 생각을 끊어주는 칼이고
물음은 생각을 이어주는 띠입니다.

물음은 생각을 풀어 놓아주는 열쇠이고
물음은 생각이 무엇을 가르치고 있는가 알려주는
선생님이십니다.

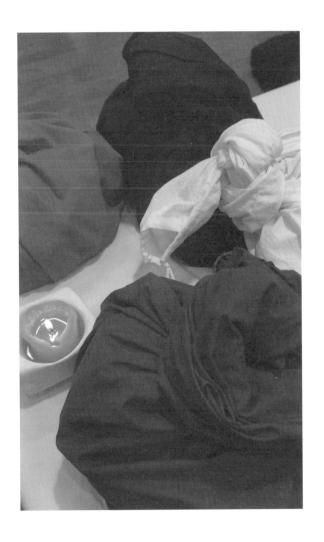

나는 생명입니다

생 · 각 · 의 · 빛

나
되
어
감
입
니
다

어머니 1

내게 있어 어머니는 고향입니다.
어머니를 만나면 잊었던 고향
고향사람들의 얘기를 듣습니다.

내게 있어 어머니는 죄스러움입니다.
어머니를 만나면 내가 사는 것이
너무 편리하고 쉽고 간단합니다.

내게 있어 어머니는 넘어야 할 산입니다.
어머니를 만나면
풀지 못한 한과 설움과 원망이 쏟아집니다.
그럴 때 나는 꼭 과거를 은혜로 바꾸어야지 하는
다짐으로 한 걸음 한 걸음 올라갑니다.

어머니 2

작아지는 어머니의 모습에서
생의 겸허함을 배웁니다.
나도 저렇게 작아지겠지
나도 저렇게 주름이 생기겠지
나도 저렇게 흰머리가 되겠지
나도 저렇게 검버섯이 피겠지
……

어머니는 나의 미래입니다.
되어야 할 나가 있고
넘어서야 할 나가 있습니다.

내가 이 세상에서 처음 만난 여자
오늘은 그 여자의 품을 느껴봅니다.
오늘은 그 여자의 자궁 안에 있는
나를 상상해봅니다.

나 되어감입니다

고슴도치 사랑기술

고슴도치는 적당한 거리를 두고
사랑하는 법을 배웠다고 합니다.

어느 날은 너무 좋아서
서로 꼭 안아 버린 것입니다.
서로에게 가시가 있는 줄을 몰랐던 것입니다.

이번에는 멀리 떨어졌더니
그만 보이지 않아 멀어지고 마는 것입니다.

그래서 고슴도치들은 터득한 것입니다.
사랑하는 것은 적당한 사이가 필요하다는 것을.

처음에 너무 좋아서 둘이 없이 못살듯이 하다가는
어느 날 서로 상처를 받아 비난하는 사이로
바뀌는 것을 많이 보게 됩니다.

또 너무 멀리 두다가 그만 소원해져서
서로가 미안해하는 사람들을 봅니다.

사랑은 그것이 부부든, 부자든, 친구든,
회사 동료든, 도반이든, 사제지간이든,
회사와 회사 사이든, 나라와 나라 사이든,
적당한 거리를 유지하는 것
삶의 지혜중의 지혜가 아닐까 합니다.

아버지의 딸과 어머니의 아들

사람은 사람이 되어야 사람입니다.
사람 되는 만큼만 사람입니다.

처음 만난 남자, 아버지입니다.
처음 만난 여자, 어머니입니다.
남자 되는 것을 아버지를 통해서 배웁니다.
여자 되는 것을 어머니를 통해서 배웁니다.

남자는 여자 대하는 법을
아버지에게서 배웁니다.
여자는 남자와 관계하는 요령을
어머니에게서 배웁니다.

아버지의 딸이 있습니다.
어머니보다 아버지와 더 밀착되고
통하는 여자입니다.

이들은 대체로 매력적이어서

연애는 잘 할지 모르지만

결혼에 성공하지는 못합니다.

여성성이 부족하여 어머니성이 약하기 때문입니다.

어머니의 아들이 있습니다.

이들은 소년으로 아이로 있습니다.

어른이 되어도 아이입니다.

많은 연인은 있으나 부인이 없습니다.

진짜 남자가 되는 경험을 하지 못한 채

생을 마감합니다.

아버지의 아들이 될 때 비로소 진짜 남자가 됩니다.

그런 남자는 진짜 여자를 찾습니다.

어머니의 딸이 될 때만이 진짜 여자가 됩니다.

그런 여자는 진짜 남자를 발견합니다.

나
되
어
감
입
니
다

167

결혼 1

낮과 밤
여자와 남자
하늘과 땅
·
·
·

우리가 사는 세상은 이처럼
서로 상반되는 세상입니다.
반대되는 것을 상대해야 합니다.
어떻게 상대하느냐가
삶의 질이요 양입니다.

한 여자를 아내로 맞이하고
한 남자를 남편으로 맞이하는
결혼이야말로

반을 넘어 온전으로 들어가는

최고로 신비한 만남입니다.

결혼 2

결혼은 긴 연애가 아닙니다.
결혼은 관계입니다.
사랑은 그 관계를 성스럽게 합니다.

남편이 따로 있는 것이 아니고
아내가 따로 있는 것이 아닙니다.
그 여자의 남편역할을 하는 것이고
그 남자의 아내역할을 하는 것입니다.

역할은 그 주어진 상황에 따라
수 없이 변화하는 것입니다.
그것이 관계입니다.

결혼 3

결혼은 일종의 시련입니다.
시련이란 관계를 위해
나를 포기하는 것입니다.

나를 포기한다는 것은
내가 옳다고 여겼던 생각들을 내려놓고
다시 잘 듣고 잘 보고 해 보는 것입니다.

관계를 위해 자기를 포기하는 용기
그 용기의 대가로 우리는 관계하는 삶을 얻습니다.
관계하는 삶
그 관계하는 관계가 나입니다.

나
되
어
감
입
니
다

어린이

어린이
얼인
얼의 덩어리

우리도 다 한때는 어린이였습니다.
어린이가 아니었던 사람은 하나도 없습니다.
예수도, 공자도, 붓다도
다 한때는 어린이였습니다.

우리 어머니도, 아버지도 어린이였습니다.
오늘은 어린이로서
울고 있는 아버지를 그려봅니다.
오늘은 어린이로서
화내고 있는 어머니를 떠올립니다.
그곳에 나도 어린이가 되어
함께 울고 화내는 모습을 상상해 봅니다.

오늘은 어린이날

어머니 어린이

아버지 어린이

나 어린이

예수 어린이

붓다 어린이

머리가 흰 어린이

이가 빠진 어린이

.

.

.

너희가 돌이켜 어린이가 되지 않으면

천국에 갈 수 없다고 했으니

천국은 어린이들만이 있지요.

그렇게 셋이서 놀고 있는 모습을 묵상해 봅니다.

친구 1

우정은 다른 사람들 속에서
우리 자신을 발견하는 것입니다.
내가 나를 스스로 본다는 것은 참 어렵지요.
나를 볼 수 있는 길은
바깥 거울에 비추어 봄으로서 입니다.
친구는 내 안에 내가 되고 싶은
욕망을 보여주는 거울입니다.

친구 2

도반道伴 바로 함께 길을 가는 벗, 길벗입니다.

인생길에 함께 가는 친구가 없다면

그 얼마나 삭막하겠습니까?

인생길에 함께 기뻐하고

함께 슬퍼하는 친구가 없다면

그 얼마나 쓸쓸하겠습니까?

친구 3

진정한 친구는 당신이 어떤 실수를 해도
결코 비웃지 않습니다.
진정한 친구는 당신이 어떤 허물이 있어도
결코 비난하지 않습니다.
진정한 친구는 당신이 인생에 실패를 했다 해도
결코 버리지 않습니다.

관계하기

관계한다는 것은 상대한다는 것입니다.
상대하려면 상대방이 있어야 합니다.
상대방은 이미 알고 있다는 생각을
무의식중에 이미 하고 있습니다.
우리는 그 어떤 상대도 다 알 수는 없습니다.
아내를, 남편을, 자식을, 부모를
정말 다 알 수 없습니다.
다른 사람을 아는 것은 불가능한 일입니다.
그래서 상대방을 당연하게 여기는 것은
관계하기를 멈추는 것이고
그에 대한 모욕이며 멸시입니다.

스승 1

스승은 스스로를 이긴 사람입니다.
자기와 싸워 이기고
자기와 싸우지 않고 이기고
스스로를 이긴 사람이 스승입니다.

스승 2

짐승을 만나면 짐승이 되고
신을 만나면 신이 됩니다.

짐승을 만나면 짐승의 소리를 하고
신을 만나면 신의 소리를 합니다.
사람이 선생님을 만나면 제자가 되고
제자가 스승을 만나면 선생님이 됩니다.

사람으로 태어나 누구의 제자로 깨어나서
어떤 이의 선생으로 알아차려가
결국은 스승으로 살아가기
일생입니다.

나
되어
감
입니
다

179

나는지금여기있습니다

생 · 각 · 의 · 빛

시간 1

영성생활은 시간 관리입니다.
우리는 시간을 변화시킬 수 없습니다.
시간을 관리한다는 것은
내 삶의 태도를 변화시킨다는 것입니다.

우리가 어떻게 시간을 보내든 상관없이
돌아가는 기계라는 시계에 내 삶을 조율하는 것
그것은 실패의 삶입니다.
노예의 삶입니다.

자기 고유의 시간을 가지십시오.
지금 여기라는 고유의 시간을!

시간 2

고유의 시간을 갖는다는 것은
개인적 리듬과 필요에 따라
때를 맞추어 사는 시간입니다.

적시타!
적재적소!

삶의 우선순위를 내가 정하여
한 걸음, 한 걸음 해 나아가는 것입니다.

그것입니다.
때를 분별하여 맞추고
장소에 알맞게 어울려 있는 것
아름다움입니다.

나는 지금 여기 있습니다

시간 3

지금 이 순간만이
내가 사용할 수 있는
유일한 시간입니다.

나는 지금 한다.
다음에 한다는 것은 생각입니다.
다음에 한다 해도 실제로 할 때는
지금입니다.

내가 쓸 수 있는 유일한 시간은
지금뿐입니다.
지금으로 나오시면 아무런 문제가 없습니다.

지금은 은혜 받을 만한 때요 구원의 날입니다.

시간 4

그렇다면 하나님께서 우리를
왜 시간 속에 있게 했을까?
시간 속에 있어야만
시간을 초월할 수 있기 때문입니다.
삶의 목적은 바로 시간을 초월하는 것입니다.
시간을 초월하는 것이 십자가요
시간을 초월한 삶이 부활입니다.

영생을 사는 삶은 바로
기억과 기대로부터의 자유하여
지금을 사는 삶입니다.
지금을 사는 삶은
언제나 신선하고 새롭고 싱싱합니다.
우리는 매일 아침 부활합니다.

나는 지금 여기 있습니다

시간 5

시간에 알맞이로
공간에 알맞이로 살지 못하고
허겁지겁합니다.

조급하게 사는 것
바쁘게 산다는 것
정말 생각해 보아야 합니다.

왜 내가 이렇게 바쁘게 살아 갈까?
왜 내가 이렇게 허겁지겁 일까?
왜 내가 이렇게 무엇에 쫓기듯 살아가고 있을까?
왜 내가 이렇게 허둥대고 있을까?
왜 내가 이렇게 편안한 숨 한번 쉬지 못하고
조급증에 시달릴까?
이렇게 빨리빨리 살면
결국 죽음도 빨리빨리 오는 것은 아닐까?

내가 지금 바쁘게 살고 있는 것은
첫째는 지혜 없음에서 오는 소치요
둘째는 욕심에서 오는 결과입니다.
무지와 교만의 산물이 조급함이요 서두름입니다.

유유자적한 걸음걸이
한가한 나들이
가끔은 게으르게 살아보는 것
천천히

진리의 사랑은 거룩한 한적을 찾고
사랑의 부름은 마땅한 일을 맡습니다.

오늘 1

'오'하는 감격으로
'늘'사는 것이
오늘을 사는 것입니다.

오늘은 내일을 살기 위한
수단이 아닙니다.
오늘은 내일을 향해 있지만
오늘이 내일의 그 어떤
수단이 되어서는 안됩니다.

내일은 사실은 없습니다.
생각 속에서만 있고
달력의 숫자로만 있는 것입니다.
내가 내일을 살 때는 바로 오늘입니다.
언제나 오늘입니다.
오늘만 살 수 있습니다.

오늘이 바로 그 날입니다.

지금이 바로 그 순간입니다.

우리는 이미 도착해 있습니다.

하늘나라는 지금 여기에 이미 있습니다.

나는 지금 여기 있습니다

오늘 2

오늘 어떤 사람을 만나고 있습니까?
오늘 만나는 그 만남이
내 삶입니다.

오늘 어떤 책을 읽고 있습니까?
오늘 읽고 있는 그 책이
내 삶입니다.

오늘 어떤 기도를 드리고 있습니까?
오늘 하고 있는 그 기도가
내 삶입니다.

하루 속에 있는 일생

아침을 설레는 가슴으로 맞이하고
저녁을 뿌듯한 가슴으로 맞이하는 사람
그런 하루가 모여 일주일이 됩니다.
그런 일주일이 모여 일년이 됩니다.
그런 일년이 모여 일생이 됩니다.
하루를 어떻게 사느냐는
일생을 어떻게 사느냐입니다.

내일

내일은 모른다는 것이다.

내 생각 속에 내일이 다 들어올 수 없지 않습니까?

내일은

내 계획대로 일어나지 않을 확률이

너무 많다는 것이다.

그래서들 두려워합니다.

만약 미래가 내 계획대로 일어나고

내 설계대로 펼쳐 진다면

세상이 어떻게 되겠으며

삶이 어떻게 되어 질까를 잠시 생각해 봅니다.

올림픽에서 운동경기의 결과는 어떻게 되겠으며

날씨는 또 어떻게 되겠으며

주식 시세는 또 어떻게 되겠으며

원유 가격은 또 어떻게 되겠습니까?

미래의 계획은 어디까지나 계획입니다.

미래의 설계는 어디까지나 설계입니다.

그렇다고 미래에 대한 계획이나 설계를
하지 말라는 말은 정말 아닙니다.
좋은 설계, 좋은 계획은 가져야 합니다.
하지만 계획대로 이루어지지 않을 때 갖는
두려움, 가슴 떨림, 긴장, 모험, 전율……
이런 것도 함께 즐길 수 있다면
삶은 훨씬 더 생기 있고 활력이 넘칠 것입니다.

삶을 활기차게 살아내지 못하는 것이
죄와 벌입니다.

내일이 궁금 하시다구요

내일의 내 모습이 궁금 하시다구요?

내일의 나와 내 삶은
오늘 하는 나의 생각과 행동대로입니다.

내일은 그냥 다르게 다가오지 않습니다.
오늘 산대로 내일은 온답니다.

봄에 뿌린 씨앗대로
가을에 열매를 맺습니다.

시간 지키기

3시가 되면 문이 닫힙니다.
하비람 깨어나기는 시간 지키는 것부터
수련은 시작이 됩니다.
영성생활은 최고질의 삶을 살고자하는 이들만이
누릴 수 있는 삶의 영역입니다.
아무나 누구에게든지 주어질 수 없는 영역이지요.
시간도 지키지 못하는 사람이
누릴 수는 더욱 없는 것입니다.

왜 늦을까요.
그것을 저는 이렇게 생각합니다.
분주하게 살고 있거나
이미 습관이 되어 있거나
준비가 덜 되어 있거나
깨어나기가 우선순위에서 밀려나 있는 것이겠지요.

나는 지금 여기 있습니다

영성생활은 시테크입니다.

시간을 조절하고 다스릴 수 있어야

진짜 주인으로 주체로 살 수가 있는 것이지요.

누구에게 똑같이 주어진 하루 24시간

일상 7,80년입니다.

그 안에서 그 시간을 어떻게 관리하는가가

그 사람의 삶의 질이요, 양이요, 높이요, 길이입니다.

하루를 어떻게 살아야 하겠다는 계획이 없습니다.

일년을 어떻게 살아야 하겠다는 계획이 없습니다.

일생을 어떻게 살아야 하겠다는 계획이 없습니다.

왜 시간 계획이 없을까요

그것은 생의 목표가 없기 때문입니다.

일생의 목표가 없으니 10년의 계획이 없습니다.

일생의 목표가 없으니 올해도 계획이 없습니다.

일생의 목표가 없으니 오늘 하루의 계획이 없습니다.

십자가와 부활은 무슨 기독교 교리가 아닙니다.
그것은 삶의 귀한 원리입니다.
시간을 어떻게 만나고 관계하고
시간을 어떻게 넘어서 사는
삶의 요령과 비밀이
바로 십자가와 부활입니다.

시간 지키기!
약속 지키기!
나를 사랑하고 나를 존중하는 삶의 출발점입니다.
출발점에 섭니다.
출발!

기억과 기대로부터 자유

고통을 정말 끊고 싶습니까?
그럴 때면 먼저 해야 할 일이 있습니다.
기억과 기대로부터 자유 해야 합니다.

기억으로 듣고 보지 않아야 합니다.
기대를 가져서는 안 됩니다.
지금 여기로 나와야 합니다.

기억이라는 과거로부터의 탈출
기대라는 미래로부터의 자유
이는 오직 지금 여기를 사는 길뿐입니다.
현존現存으로 사는 것입니다.

기념

기억이 있는 사람만이
기념일이 있고 기념물이 있습니다.
기념을 한다는 것은 기억을 한다는 것입니다.
잃어버리지 말고 기억하자는 것입니다.
그 중에서도 우리가 잃어버렸던 자기self를
찾은 날을 기억하며 기념하는 것
사람됨의 알음다움입니다.

생애 가장 알음다운 날
잃어버렸던 나를 찾은 날.
생애 가장 신비한 날
잃어버렸던 적이 없는 나를 만난 날.

나는 지금 여기 있습니다

이것이 정말 나입니다

생 · 각 · 의 · 빛

영성

영성은 그 무엇에 대해
아는 것이 아닙니다.
영성은 지금 여기로 깨어 나오는
삶의 요령입니다.
영성은 지금 여기를 살게 하는 힘입니다.

오성을 겪고
이성을 넘어서
감성을 통과해
영성의 세계까지 나아가는 것
바로 내가 나 되는 길이요
사람 되는 길입니다.
사람 한번 되어 보아야 하지 않겠습니까.

나의 종교는?

나의 과학은 명상입니다.

나의 철학은 영성입니다.

나의 예술은 풍성한 삶입니다.

나의 종교는 사랑입니다.

영생

어떤 율법사가 예수께 물었습니다.
'무엇을 해야 영생을 얻겠습니까?'

영생은 무엇을 해서 얻는 것이 아닙니다.
영생은 그대 자신의 본성이요 본질입니다.

그러니 얻으려고 밖으로 그 어떤 대상으로
가는 것이 아닙니다.
반대로 그대 자신으로 돌아와야 합니다.

Come to himself.

하나님 아버지께로 돌아가는 것
바로 자신에게 돌아오는 것입니다.

돌아온다는 것은

바로 스스로 있는 나 있음을

기억하는 것입니다.

나는 잃어버린 자, 바로 나를 찾으러 왔습니다.

잃어버린 양이 바로 나입니다.

하나님을 자유하게 해 주세요

어느 날 나는 내가 하는 기도소리를 듣고
화들짝 놀란 적이 있었습니다.

내가 하나님을 꼼짝달싹 못하게
묶고 있는 것이 아니겠습니까?

하나님께서는 나의 요구대로 해야 했습니다.
나의 원함과 기대에 부응하지 못하면
하나님께서는 그날 바로
하나님으로서의 자격을 잃거나
아니면 내가 나를 자책하고 용서를 빌면서
다시금 나의 원함을
기도하고 있는 것이 아니겠습니까?

나의 원함과 기대가 이루어졌을 때는 괜찮았지만
그렇지 못했을 때는 기도를 할수록

하나님은 나에게 구속 되어져 가고
나는 하나님께 구속 되어져 가고 있었습니다.

내가 지금하고 있는 것이 뭐지 하면서
화들짝 놀란 그날 나는 잠에서 깨어났습니다.

내가 하나님으로부터 자유로워지고
하나님을 나로부터 자유하게 하는 일이
나의 기도요, 나의 일이고, 사명임을
나는 그날 알았습니다.

오늘도 나는 이 기도를 드리고
이 일을 하러 나아갑니다.

이것이 정말 나 입니다

나의 믿음

우리는 때때로 책을 잘못 읽듯이
상대의 마음을 잘못 읽을 수 있습니다.

우리는 때때로 의사가 오진을 하듯이
자신의 마음을 잘못 검진할 수 있습니다.

그러나 우리는 책을
정말 잘 읽고 싶어 한다는 것이고
의사 선생님은 추호도
오진을 하고 싶어 하지 않는다는 것입니다.

이것이 삶에 대한
나의 흔들리지 않는
믿음입니다.

삼위일체

많은 사람들이 분열로 고통을 겪고 있습니다.

많은 사람들이 분열된 체로 살아가고 있습니다.

지성과 감성과 영성의 조화로움

머리와 가슴과 배의 통합

성부와 성자와 성령의 하나 됨

바로 삼위일체

하비람이 추구하는 삶의 방향입니다.

성육신 Incarnation

사랑은 그 사람이 되는 것입니다.
하나님께서는 이 세상을 사랑하셔서
말씀에서 육신이 되셨습니다.

호랑이를 만나 호랑이를 이기는 길은
그 호랑이가 되는 것입니다.
그것이 사랑입니다.

여우를 만나 여우를 이기는 길은
그 여우와 싸우는 것이 아니라
그 여우가 되는 것입니다.
그것이 삶에서 최고의 기술인 사랑입니다.

사랑은 그것이 되는 것
사랑은 그 사람이 되어 보는 것
Incarnation
사랑은 모든 것을 이깁니다.

오늘의 기도

나는 정말 소중한 사람입니다.

나는 복사본이 아니라 원본입니다.

나는 멋진 인생을 살 수 있는 사람입니다.

이것이 정말 나 입니다

하늘나라

하늘나라는 은하수 저편
그 어디라는 공간에 있지 않습니다.
하늘나라는 지금 내가 사는
삶 속에 있습니다.
삶이 하늘나라입니다.

임마누엘

밤이 되면 그리스도와 함께 자고
아침이 되면 그리스도와 함께 일어납니다.
아하하하하……

내가 잠자면 그리스도가 잠자고
내가 일어나면 그리스도가 일어납니다.
아하하하하……

이것이 정말 나입니다

신의 정원

보이는 아스팔트길이 아닌
보이지 않는 지구위에 난 길을 걷습니다.

보이는 잣나무로가 아닌
보이지 않는 사랑으로 만납니다.

느껴지는 바람으로가 아닌
보이지 않는 하나님의 숨으로 느낍니다.

시에서 조성한 공원이 아니라
하나님이 만드시고
자기의 신성이 서려있는 정원으로 만납니다.

나는 지금 신의 정원을 거닐고 있습니다.

영적독서

영적독서는 영의 양식입니다.

진지를 하지 않고서는 육체가 자라지 않듯이

영적독서 없이는 영혼이 자라기 어렵습니다.

영성계발을 일으키는 책은 놓지 않습니다.

영적성숙으로 인도하는 책을 발견합니다.

새로운 영의 세계를 소개하는 책들을

소개 받습니다.

영적독서는 양에 욕심을 내지 않고

한 줄 한 줄 곱씹으면서 읽어갑니다.

감동이 되면 멈추고 눈을 감고 느껴봅니다.

은혜가 되면 감사 기도도 하고 춤도 춥니다.

도전이 되면 하고 싶은 대로 응답합니다.

그러면서 자기 글을 써 봅니다.

이것이 정말 나 입니다

습관바꾸기

나는 나쁜 습관을 없애려고 하지 않습니다.
나는 나쁜 습관을 바꾸려고 합니다.
하비람영성은 생활습관을 바꾸는 것입니다.

생각과 느낌은 관觀을 바꾸고
몸은 습習을 바꾸는 것입니다.

습관을 바꾸는 데는 반복과 연습이 필요합니다.
집요한 주의력, 깨어있음이 필요합니다.

영적질서

질서가 잡힌 도로는 소통이 잘 됩니다.
질서가 잡힌 도로는 힘이 있습니다.
질서가 잡힌 나라는 참 아름다운 나라입니다.

질서가 잡힌 신발은 예쁩니다.
질서가 잡힌 살림은 아름답습니다.
질서가 잡힌 가족은 행복합니다.

생각 질서가 잡힌 사람은 믿음을 줍니다.
감정 질서가 잡힌 사람은 안정감을 줍니다.
영혼 질서가 질서 잡힌 사람은 신비감을 줍니다.

이것이 정말 나입니다

어둠

어둠은 빛을 낳고
침묵은 소리를 낳습니다.
죄는 용서를 낳고
오해는 이해를 낳습니다.

죄가 많은 중에
은혜가 많습니다.

최고의 가르침

오른손 한 손으로는 자기 손을 씻지 못합니다.
왼손 한 손으로는 자기 손을 씻지 못합니다.
한 쪽 손으로는 자기 손을 씻지 못합니다.

왼손은 오른손을 씻어 줍니다.
오른손은 왼손을 씻어 줍니다.

한 손이 다른 손을 씻게 하는 것이
최고의 가르침입니다.

이것이 정말 나입니다

생 · 각 · 의 · 빛

내가

결정

합니다

나의 개천開天절

나의 하늘이 열려야 개천이다.
보이는 하늘은 하늘이 아니다.
그것은 창공, 빈 하늘이다.
내가 나를 본 날
나의 하늘이 열린 날
나의 날이 열린 날
그것이 나의 개천절이다.

내가 지금 왜 여기 있는가?

내가 지금 왜 여기 있는가?

그것은 하나님의 거룩한
뜻과 목적을
실현하기 위해서다.

네가 바로 그것이다

얼마 전 밤늦게 하는 산책길입니다.
백화점 가까이에 이르렀는데
내 가슴이 뜨거워지면서 아파오는 것입니다.
자세히 보고 알아차려 보니
백화점 앞에 심은 소나무에
크리스마스 기분을 내려고
엄청난 꼬마전구들을 붙여 놓은 것입니다.
얼마나 뜨겁던지요.
온 몸이 전기에 감전 되어
소스라치는 기분이었습니다.

앞으로도 뒤로도 움직이지 못하고
그렇게 한참을 서 있는 나를 볼 수 있었습니다.
그때 들려지는 음성
네가 바로 그것이다.

이때 내 사진 안에는 잔인하게 살았던
나의 지난 사진들이 주마등처럼 스치고 올라옵니다.
지난 세월 자비심 없이 잔인하게 행동했던
나의 모습들이 떠오르는 것입니다.
미안하고, 서글프고, 불쌍하고……

주여, 용서를 어찌 비오리까.

계속 들려지는 한 목소리
네가 바로 그것이다.
네가 바로 그것이다.
네가 바로 그것이다.

내
가
결
정
합
니
다

여기 나 없이 있음이 전해지는 통로

1단계 깨달음 빛만 있습니다.
2단계 그 빛을 인식하는 내가 있습니다.
3단계 그 빛을 개념화합니다.
4단계 그 깨달음을 다른 사람에게 전합니다.
5단계 그 깨달음을 전해 받은 사람이
그것을 이해합니다.

여기 나 없이 있음이 느껴지십니까? 하고
아침햇살이 묻고 수련생들이 대답할 때는
벌써 5단계를 거친 것입니다.
그러니 그 사이에 얼마나 많은 경험의 차이가
있을 수 있겠습니까.

여기 나 없이 있음과 이곳 나 되어감

육체 없이 영혼을 어떻게 느끼고
영혼 없이 육체의 생명이
어떻게 살 수 있겠습니까?
육체는 보이는 영혼이고
영혼은 보이지 않는 육체입니다.

여기 나 없이 있음이 바다라면
이곳 나 되어감은 파도입니다.

바다와 파도는 분리될 수 없습니다.
이름만 그것을 바다라고 하고
말로만 그것을 파도라고 할 뿐입니다.

생각을 넘는다는 것은
말과 글, 감정을 넘는다는 것입니다.

지금 여기

우리는 과거를 바꿀 수 없습니다.
과거는 배움의 대상이지 삶의 대상이 아닙니다.
삶은 바로 지금 여기, 이곳에만 있습니다.

미래 또한 마찬가지입니다.
미래는 희망과 상상의 대상이지
삶의 대상은 아닙니다.
삶은 바로 지금 여기, 이곳에만 있습니다.

여기와 이곳이 만나는 지금

지금 속에 삶이 있습니다.
지금 속에 생명이 있습니다.
지금 속에 길이 있습니다.

지금으로 나오십시오.
지금으로 나오면 아무런 문제가 없습니다.

나 있음

들숨만 있고
날숨만 있습니다.
자극만 있고
반응만 있습니다.
생각만 있고
느낌만 있습니다.
단지 그것을 지켜보는 봄觀만 있습니다.
나는 없습니다.

just do it

홍해는 모세가 기도할 때 갈라진 것이 아닙니다.
홍해는 모세가 지팡이를 내리 쳤을 때
갈라진 것도 아닙니다.
홍해는 모세가 발을 내 딛을 때
비로소 갈라진 것 입니다.

삶은 그렇습니다.
일단 내가 직접 해 볼 때만이 비로소 아는
비밀 중의 비밀입니다.
사랑도 그렇습니다.
일단 내가 직접 해 볼 때만이
비로소 아는 비밀입니다.

하비람은 할 수 있는 용기를 길러줍니다.
하비람은 할 수 있는 지혜를 키워줍니다.
하비람은 할 수 있는 요령을 터득합니다.

Come and See

예수님은 찾아온 제자들에게 말씀합니다.

Come and See

'와 보라'는 것입니다.

보는 것보다 오는 것이 먼저입니다.

그런데 우리는 본 다음에 가려고 합니다.

이것이 삶을 실패하는 법칙입니다.

Come.

그 다음에 See입니다.

이런 내가 좋다는 말은?

이런 내가 좋다는 말은

이제 나를 다른 누구와도

바꾸고 싶지 않다는 것입니다.

지구 도우미

지금 당신이 무슨 일을 하든
그것은 지구를 돕고 있다는 사실입니다.
세상 사람의 판단으로 옳은 일이든
세상 사람의 판단으로 그릇된 일이든
그것은 사람들의 생각이고
지구를 돕는 일을 하고 있다는
사실을 명심하기 바랍니다.

바로 보내신 이의 일을 하고 있는 것입니다.

이왕에 할 바에야
'예'하고 하면 어떨까합니다.
이왕 지구를 도울 바에야
'예'하고 도우면 얼마나 좋겠습니까.

저는 '보시기에 참 좋다'로 살고 싶습니다.
이것이 나의 믿음입니다

내
가
결
정
합
니
다

소명 1

소명을 영어로는 Vocation이라고 합니다.
Vocation의 어원은 라틴어 Voice, 목소리입니다.
그러니 소명은 내가 추구해야 할
어떤 목표가 아닙니다.
소명은 내가 들어야 할 목소리입니다.

잘 듣고 합니다.

내가 들어야 할 목소리
내면의 소리
내 안에 있는 하나님의 음성

소명 2

바깥사람들의 소리를 듣고서
그것을 그렇게 내가 꼭 해야 할 일이라고 알고
평생을 살았다고 합시다.
설사 사회적으로 성공을 하고 명성을 얻었다 해도
그것은 내 목소리가 아니라
다른 사람들의 목소리를 따라 한 것이니
결국은 내가 할 일이 아닌
사회가 좋아하고
남이 원하는 일을 한 것이 아니겠습니까.
끔찍하지 않습니까.

깨어나십시오.
깨어나면 내가 원하는 일을 하지만
깨어나지 못하면 그들이 원하는 일만 한답니다.

내가 결정합니다

깨달았다는 것은

깨달았다는 것은
내가 다 알았다는 것이 아니라
내가 모르는 것이 참 많다는 것을
알은 것입니다.

참 안 듣고 안 보고 살았고
참 많이도 못 듣고 못 보고 살았음을
아는 것입니다.

그래서 깨달은 사람은 배워가는 사람입니다.

배우는 길은 잘 듣고 잘 보는 태도를
언제 어디서나 견지해 가는 것입니다.

깨달음

사람들은 죽는다고 합니다.

그러나 죽음은

그 어떤 상태를 두고 인간들이 하는

생각이고 말입니다.

이제껏 아무것도 죽지 않았고

아무 것도 태어나지 않았습니다.

때가 되어 그런 변화가 일어날 뿐입니다.

태어나기 전에 있는 나를 보는 것

죽음 이후에도 있는 나를 보는 것

그리고 그 사이에 나타난 나를 사는 것

바로 깨달음입니다.

나의 나됨은
하나님의
은혜
입니다

생 각 의 · 빛

사랑 1

사랑은 나를 알고
그 앎은 나를 나누는 것입니다.

사랑은 나누는 만큼만 알 수 있습니다.

결국 사랑은
나누는 그것만큼의
자신을 사랑하고 사랑 받는 것입니다.

사랑 2

사람이 할 만한 일 가운데
그래도 정말 할 만한 일은
사람 사랑하는 일입니다.

사랑 노래 부르고
사랑 춤추다가
사랑이 되는 것.
애벌레인 사람이
나비인 사랑이 되는 것입니다.

애벌레가 나비가 되는 것이
변화중의 변화이듯이
사람이 사랑이 되는 것은
신비중의 신비요
기적중의 기적입니다.

나의 나 됨은
하나님의 은혜입니다

사랑 3

내가 나 되는 것 밖에 내가 할 일은 없습니다.
우리가 하는 모든 생각, 궁리, 일은
다 내가 나 되기 위한 것들입니다.
하나님의 뜻은 하나입니다.
내가 나 되는 것입니다.
사랑이 하는 일도 하나입니다.
내가 나 되는 것입니다.

내가 나 되고
네가 너 되는 것
결국은 다 주의 말씀을 이루려 하심입니다.

사랑 4

사랑은 제도가 아닙니다.
사랑은 바람입니다.
사랑은 단단한 돌멩이가 아닙니다.
사랑은 꽃입니다.
사랑은 바람처럼 변하기 쉽고
꽃처럼 연약합니다.

나의 나 됨은
하나님의 은혜입니다

사랑 5

사랑은 꽃처럼 보살펴주어야 합니다.
마구 흔들어 대면 부수어지고
내팽겨 치면 잡초가 꽃을 삼켜버립니다.

사랑은 산 꽃나무입니다.
때로는 물로
때로는 햇빛으로
때로는 손길로
돌보고 가꾸어 주어야 합니다.
가꾼 만큼 사랑은 사람다워집니다.
나는 사랑입니다.
나는 가꾸어야 합니다.

사랑 6

사랑은
생각이라는 양극과
느낌이라는 음극이
접촉하여 일어나는 불꽃!

이 불꽃 없이 산다는 것
얼마나 상막한 인생일까요.

불꽃을 피우십시오.
훨훨 피우십시오.

지금 사랑하지 않고 사는 것은
허송세월을 하고 있는 것입니다.

사랑 7

들숨에 사랑이 있습니다.
날숨에 사랑이 있습니다.
왼발에 사랑이 있습니다.
오른발에 사랑이 있습니다.
눈 속에 사랑이 있습니다.
입 속에 사랑이 있습니다.
귀 속에 사랑이 있습니다.
　　　·
　　　·
　　　·

나는 이미 사랑 속에 있습니다.

귀가 할례 받으면 듣는 것
눈이 할례 받으면 보는 것

입이 할례 받으면 말하는 것
가슴이 할례 받으면 사랑하는 것

사랑이 귀를 듣게 합니다.
사랑이 눈을 보게 합니다.
사랑이 입을 말하게 합니다.
사랑이 가슴을 느끼게 합니다.

나의 나 됨은
하나님의 은혜입니다

용서 1

내가 해야 할 일이 있다면
그것은 나를 용서하는 것입니다.

또 내가 해야 할 일이 있다면
그것은 너를 용서하는 것입니다.

그리고도 또 내가 해야 할 일이 있다면
그것은 모두를 용서하는 것입니다.

용서 2

용서는 한 번에 해 치우는
인스턴트가 아닙니다.
용서는 많은 단계로 이루어진
긴 여정입니다.

용서 3

용서하는 것은
삶에서 선택이 아니라 필수입니다.

용기

용기는 아는 것으로 살지 않고
모르는 일을 해 보고
모르는 사람을 만나보고
모르는 세계로 나아가는 것입니다.

모르는 일을 해 보고
모르는 사람을 만나보고
모르는 세계로 나아갈 때
삶은 경험되는 것입니다.
아는 것으로만 사는 것은
겁쟁이의 태도입니다.
모르는 것을 알고
그것을 살아 보는 것이
믿음이요 용기입니다.

나의 나 됨은
하나님의 은혜입니다

생각의 빛

1판1쇄 인쇄 | 2014년 12월 15일
1판1쇄 발행 | 2014년 12월 23일

지은이 | 장길섭
펴낸곳 | 도서출판 나마스테
펴낸이 | 전형배
총괄경영(CEO) | 구본수

출판등록 | 제9−281호(1993년11월17일)

주소 | 서울시 마포구 토정로 222(신수동 448−6)
한국출판 협동조합 A동208−2호

전화 | 02−333−5678, 322−3333
팩스 | 02−707−0903
E−mail | chpco@chol.com

ISBN 978−89−7919−583−5 03210
ⓒchanghae, 2014, printed in Korea